Die Revolution des GELD-Systems
zum Wohle der Menschheit

AF138973

Die Revolution
des GELD-Systems
zum Wohle der Menschheit

Rafael D. Kasischke

Bibliografische Information der Deutschen Nationalbibliothek
Die Deutsche Nationalbibliothek verzeichnet diese Publikation in der
Deutschen Nationalbibliografie; detaillierte bibliografische Daten sind
im Internet über http://dnb.d-nb.de abrufbar.

Umschlagdesign, Satz, Herstellung und Verlag:
BoD – Books on Demand, Norderstedt

ISBN 978-3-7322-6635-7

*Dieses Buch ist gewidmet meinen Kindern
Melina und Delano sowie ihren zukünftigen Kindern.
Melina und Delano stehen hier stellvertretend
für ihre Generation, ebenso wie ihre zukünftigen Kinder
für die übernächste Generation.*

*Möge diesen Generationen ein neues Bewusstsein
über die Welt, ihre Mission im Leben und
die Aufgaben der Mitmenschen zuteilwerden.*

*Und mögen die Kinder der Zukunft
mit dem Bewusstsein geboren werden,
dass LIEBE und HERZ die wichtigsten Voraussetzungen
für die Menschheit sind.*

*Die Hälfte des Buchpreises fließt als Spende in den
»FUND for the next Generation«.*

Inhaltsverzeichnis

Vorwort

Wir leben heute in einer Welt großen Wandels. Den bedeutsamsten und weltbewegenden Wandel wird unsere EINSTELLUNG zum MATERIELLEN erfahren.

Viele Menschen haben ihre Sicherheit an ihrem Materiellen festgemacht.
Meine Herzensangelegenheit ist es, diese Menschen in ihrem Inneren zu stützen, ihnen ihre angeborenen Potenziale aufzuzeigen und eine neue Einstellung zum Materiellen zu vermitteln. Denn nicht das Materielle stellt die Sicherheit für den Menschen dar, sondern es sind **unsere eigenen Gaben, Talente und Potenziale,** die die Stärke eines Menschen und damit seine Sicherheit ausmachen.
Ich möchte Menschen aufzeigen, wie sie an dem NEUEN teilhaben können und wie sie aus diesem Umbruch gestärkt hervorgehen – sowohl im finanziellen als auch im emotionalen Bereich.
Dieser Wandel bedeutet einen NEUANFANG in unserer EINSTELLUNG zu vielen Dingen.

Die WERTE verändern sich jetzt. Immer mehr Menschen entziehen dem Wirtschaftssystem ihre Aufmerksamkeit und ihre Wertschätzung, weil sie seine Fehler und seine Ungerechtigkeit durchschauen. Gleichzeitig beginnen wir zu erkennen, wie wir wirklich leben möchten und was uns glücklich macht.

Wir sollten unsere HERZEN öffnen. Und wir sollten unsere Geisteshaltung ändern, damit wir zu ganz NEUEN GEDANKEN fähig werden.

Viele Menschen denken jedoch noch in alten Modellen und Strukturen.
Sie haben noch nicht erkannt, dass sich die Welt in einem Wandel befindet und dass die alten Strukturen keine Gültigkeit mehr haben. Es sind ganz neue, schon sichtbar verlaufende Entwicklungen im Gange.

Menschen, die offen sind für Veränderungen, erleben gerade persönliche Umbrüche und schwierige Zeiten: Existenzängste bis hin zu Depressionen etc.
Ihnen wird im wahrsten Sinne des Wortes der Boden unter den Füßen weggezogen.
Sie werden aber gestärkt aus dieser Situation hervorgehen, sofern sie weiterhin offen sind für persönliche Veränderungen sowie auch für ein neues System.

Alles, was passiert, dient der Reinigung und Erneuerung. Unsere Potenziale können dadurch zum Vorschein kommen. Wir trennen uns von vielem, was bisher Gültigkeit hatte, und entscheiden uns für das, was unser Selbst bestimmt. Damit öffnen wir uns für unser authentisches Sein und die bedingungslose LIEBE.

Verantwortung, WERTE und Spiritualität prägen das neue Paradigma.
Sie zeugen von dem neuen Zeitalter einer nachhaltigen Wirtschaft.

Wenn ein System in einer Krise ist, so ist doch darin die Chance angelegt, dass innerlich etwas reifen, aufbrechen und sich ändern kann.

Eine Krise ist gut, um eine neue Qualität in der Wirtschaft wachsen zu lassen.

Eine Krise ist gesund. Sie reinigt – und sie lässt Neues entstehen.

Der alte Baum ist krank und zerfällt, damit ein neuer nachwachsen kann.

„Eine Veränderung tritt erst auf,
wenn ein Wertewandel und
die wirtschaftliche Notwendigkeit
zusammentreffen."
John Naisbitt

Einführung

„Es gibt zwei bedeutende Tage im Leben von uns Menschen – der Tag unserer Geburt und der Tag, an dem wir erkennen, warum wir geboren sind."

William Barclay – Niederländischer Theologe

„We have a dream": Wir möchten, dass die Menschen glücklich, zufrieden und gesund sind – emotionell wie finanziell. Und wir wollen WOHLSTAND schaffen – für möglichst viele.
Dazu brauchen wir eine neue EINSTELLUNG zum GELD:

Einen sinnvollen, wertschätzenden und liebevollen Umgang mit GELD.

Es geht um ein neues WERTE-System.
Und es geht um eine BALANCE zwischen dem Materiellen und dem Immateriellen.

Wir erleben einen bewegenden und zugleich wertvollen Umbruch in der Weltgeschichte:
Er betrifft die **Gesellschaft**, unsere **Geisteshaltung** und ganz besonders unseren **Umgang mit GELD**. Denn nicht nur die Welt geht durch eine Transformation, sondern mit ihr auch das **GELD**.

GELD war immer ein MAGNET für die Menschheit. Viele sind diesem MAGNETEN gefolgt. Damit erhielt das GELD einen überdimensionalen Stellenwert.

Viele haben es als „Goldenes Kalb" angebetet. Für sie wurden das Streben nach Geld und seine Anhäufung zum Ziel ihres Daseins, denn sie glaubten, durch Geld glücklich werden zu können. GESUNDHEIT und das Leben als solches standen an zweiter Stelle.

Doch sind wir alle dadurch glücklicher geworden?

Jetzt ist die Zeit gekommen, **unsere Haltung, unsere Überzeugungen und unser Verständnis vom GELD zu ändern.** Die Welt des Geldes wandelt sich in eine Welt von **MONEY & SPIRIT.**

> **Das Geld sollte dem Menschen dienen –
> und nicht der Mensch dem Geld.**

In Zukunft wird Geld mit dem HERZEN verbunden sein. Zuvor müssen wir den **URSPRUNG HEILEN**, das heißt die Art und Weise, wie Menschen ihr Geld angehäuft haben.

Wir tragen dadurch zur Heilung unserer SEELEN bei, denn viele Menschen haben – wie Goethes Faust – „ihre Seele an Mephisto verkauft". Sie haben sich – über das Geld – zu Gier, EGO und Macht verleiten lassen.

Jetzt geht es darum, dass die Menschen ihre SEELE wiederentdecken, dass sie sich ihrer wahren Bestimmung bewusst werden, diese leben sowie innerlich wachsen und etwas heilen, bevor sie „nach Hause" gehen.

Und es geht um die Wiedergutmachung gegenüber der Gesellschaft und damit verbunden den Ressourcen, die wir ausgenutzt haben: den Boden, das Wasser, die Natur, die Arbeitskräfte und, und, und.

Jetzt gilt es zurückzugeben, was wir genommen haben, und wieder in die Ressourcen zu investieren.

Und wir sollten etwas HINTERLASSEN.
Meine Mutter fragte mich, als ich Kind war: „Was möchtest du einmal werden?"
Als ich keine Antwort wusste, sagte sie: „Du solltest in deinem Leben etwas aufbauen, worauf du stolz sein kannst, damit du der Welt etwas hinterlässt, woran man sich erinnert."

Ich möchte etwas HINTERLASSEN – meinen Kindern und der gesamten jungen Generation.
Denn darum geht es uns Menschen doch letztendlich: um unsere KINDER und ENKELKINDER.

Gleichzeitig möchte ich unserer jüngeren und unserer älteren Generation etwas mitgeben: die Botschaft, dass unser inneres Vermögen weitaus größer, wertvoller und reicher ist als unser externes Vermögen. Und dass wir unsere Sicherheit nicht am Materiellen festmachen sollten, sondern an diesem unserem inneren Vermögen. Wir sollten uns dieses Wissen bewahren und uns darauf stützen.

Ich möchte also zeigen, dass es noch etwas anderes gibt als nur das Materielle, etwas Bedeutenderes und Tieferes, etwas, das wir alle in uns tragen, weil wir mit ihm bereits geboren sind: unsere **Potenziale und Talente**.

Darum geht es heute: sich nicht mehr auf das Äußere verlassen, sondern auf sich selbst – auf seine inneren Stärken. Denn materielle Werte sind vergänglich.

Wir sollten mit unseren inneren Werten in würdiger und wohlwollender Weise umgehen.

Wir Menschen sind Treuhänder und Verwalter unserer Schätze, die uns bei unserer Geburt in die Wiege gelegt wurden und die wir beim Ableben zurücklassen werden.

Alles, was wir mitnehmen können, sind unsere Eindrücke, wie wir mit diesen Schätzen umgegangen sind.

Doch wie gehen wir Menschen tatsächlich mit diesen Schätzen um?

Setzen wir unsere Gelder sinnvoll ein? Und überhaupt: Gehen wir mit GELD richtig um?

Und wie kann es sein, dass trotz des materiellen Wohlstandes viele Menschen auf der Suche sind nach einem SINN – nach Lebens-Sinn und Lebens-Glück?

Die Antwort: **Wir müssen GELD und SINN in Einklang bringen**. Denn bislang gibt es keine Verbindung zwischen beiden. Wie sollen wir uns SINN erkaufen?

Und wie viel kostet SINN überhaupt? Wir wissen, dass wir SINN nicht kaufen können.

Die einzige Möglichkeit, SINN zu erhalten, besteht darin, dass wir unseren GEIST einsetzen. Und diesen GEIST müssen wir mit GELD verbinden. **Wir müssen also GEIST in das GELD bringen**.

Wir dürfen erkennen, dass wir **über GELD nicht glücklich werden können**.

Dazu ist erforderlich, unsere INTENTION zu ändern. Es geht nicht mehr darum, GELD für sich allein zum Leben zu verdienen bzw. „das Goldene Kalb" aufzurichten, damit wir unser EGO befriedigen.

Damit wir als Menschen glücklich und gesund werden, **müssen wir GELD anders betrachten** – ein neues BEWUSSTSEIN erlernen.

Unsere INTENTION darf und sollte sein, mit GELD etwas GUTES zu tun: Es für MENSCHEN und ihre Bedürfnisse einzusetzen, für ihre BILDUNG, GESUNDHEIT, ERNÄHRUNG und die Umsetzung ihrer IDEEN und TALENTE.
Wenn wir unsere INTENTION ändern und – mit dem Ziel, zu wachsen – etwas Gutes für uns **UND für andere tun**, dann werden wir belohnt und erhalten etwas zurück.

Indem wir unser GELD mit inneren WERTEN und somit unserem HERZEN verbinden und es für Menschen einsetzen, erreichen wir ZUFRIEDENHEIT und GESUNDHEIT.
Und zusätzlich WÄCHST unser Investment.

GELD wird Menschen in Zukunft glücklich machen, wenn sie es nicht mehr mit ANGST, MACHT, GIER und EGO betrachten, sondern wenn ihr HERZ mit ihm verbunden ist und sie das Geld mit FREUDE zur Verfügung stellen.

Unser bisheriges GELD-Bewusstsein

„Geld ist ein unschätzbar wichtiges Instrument,
ein Mittel, das gut und wertvoll sein kann,
es zu besitzen und zu nutzen,
das aber in die Knechtschaft führt,
wenn man sich von ihm in Besitz nehmen lässt."

Snah Sneleiw

Die Welt geht durch einen grundlegenden Wandel – und auch das GELD ist dieser großen Veränderung unterworfen. Doch die bedeutsamste und weltbewegende Veränderung erfährt unsere EINSTELLUNG, d. h. unsere **Geisteshaltung** zum Materiellen.
Denn bisher haben sich viele Menschen am Materiellen orientiert.

Diese Veränderung ist gut und notwendig, denn der Fluss – der GELD-FLUSS – ist durch die Überbewertung des materiellen Denkens ins Stocken geraten bzw. stagniert. Außerdem enthält dieser Fluss keine Werte, sondern zu viele Unwahrheiten und Unehrlichkeiten sowie Korruption, Untreue, Geld- und Profitgier, Egoismus und soziale Kälte. Damit die Menschen wieder einen SINN sehen und sich glücklich fühlen und Lebensfreude erhalten, muss der Fluss gesäubert werden.

Wenn das Wasser des Flusses sauber ist, dann sind auch die Menschen zufriedener. Wahrheit und Ehrlichkeit, Transparenz und Gerechtigkeit, Vertrauen und Glauben, Anstand und Ethik, Bescheidenheit und Demut

sowie das Einbeziehen von Gemeinsinn und Gemeinwohl reinigen den Fluss.

**Der neue GELD-FLUSS entsteht in unserem Inneren
und führt von innen nach außen.**
Er basiert auf einer neuen EINSTELLUNG und einem
neuen GLAUBEN – auf einer neuen Beziehung zu Geld.

Wir streben eine TRANSFORMATION des GELDES an:
- von einer rein materiellen Einstellung zum Geld –
  hin zu einer EINHEIT mit dem Geist
- von dem bisherigen Fokus auf die äußere Seite
  des Geldes – hin zu der Erkenntnis, dass Geld auch
  eine innere Seite hat.

Denn Geld hat auch EINFLUSS auf unser Innenleben –
auf unsere GEDANKEN und GEFÜHLE.
ANGST, Depressionen und andere Emotionen sind eng
mit dem GELD verbunden.
Um aus diesem „Teufelskreis" herauszukommen,
müssen wir ein neues BEWUSSTSEIN und eine neue
BEZIEHUNG zum Geld entwickeln.

Wir müssen umdenken: Wir können Geld nicht mehr
wie bisher als eigenständiges Produkt und etwas Ma-
terielles ansehen, das von uns separiert ist. GELD ist
nicht von uns getrennt. GELD ist ganz eng mit jedem
Menschen verbunden.
Das ist die neue und bedeutende Erkenntnis:
GELD ist mit unserem höheren Selbst bzw. mit unserer
SEELE verbunden. Sie stehen in einem symbiotischen
Verhältnis zueinander.

Bisher hat man GELD abstrakt und als persönliches Eigentum betrachtet.
Viele gehen mit Geld egoistisch und eigensinnig um.
Sie halten am Materiellen fest und machen sich abhängig davon.
Dies führt zu ANGST um ihr Geld und ihr Materielles.

Doch Geld ist nicht separiert von uns Menschen. GELD hat eine Beziehung zu jedem von uns. Es steht in einem Zusammenhang mit jedem von uns und hat eine Geschichte zu erzählen. Und es gibt einen Grund, warum manche Menschen viel Geld und andere weniger haben.

Ich habe in meinem Leben viele Unternehmer begleitet. Eines fiel mir immer wieder auf:
Solange diese Menschen selbst mit ihrem Geld arbeiten, sind sie zufrieden – auch dann, wenn sie Verluste einstecken. Und zwar deswegen, weil diese aus ihren eigenen Entscheidungen resultieren.
Wenn sie aber ihr Geld in fremde Hände geben, wie z. B. an Banken oder Money Manager, sind sie von ihrem Geld abgetrennt.

Was bedeutet das?
Geld ist mit uns Menschen – eigentlich mit unserem Herzen – verbunden. Wenn wir es weggeben, trennen wir unser Geld von unserem Herzen. Wir trennen unsere ENERGIE-Beziehung zu unserem Geld.
Um diese Energie zu intensivieren, ist es wichtig, in Zukunft ein Gefühl – eine Begeisterung, ein Gefühl der Verbundenheit – zu unserem GELD aufzubauen, indem wir dem Geld einen edlen Verwendungszweck geben.

Einem bekannten Buchautor, der ein Buch über das Verkaufen mit edlen Absichten geschrieben hat, habe ich die Frage gestellt: Wie würde sich GELD verändern, wenn wir ihm einen „noble PURPOSE" geben würden? Würde das Geld dann erfolgreich wachsen?

Seine Antwort war eindeutig: „Ja!"
Er selber hatte die Erfahrung mit zwei Unternehmsbeteiligungen gemacht. Beide Firmen kannte er persönlich und wusste, dass sie einen „noblen Purpose" hatten. Er war also mit diesem Investment emotionell verbunden. Beide Firmen hatten sein Gefühl und Herz überzeugt und begeistert.
Und mit diesen Investments hatte er großen Erfolg, denn er hatte selber die Verantwortung für seinen Geldeinsatz übernommen.
Mit späteren Investments hatte er keinen so großen Erfolg mehr, da er mit ihnen gefühlsmäßig nicht verbunden war und sein Geld nicht mehr selber verwaltete.

Der Buchautor wies noch auf einen weiteren wichtigen Faktor hin:
Wir sollten GELD physisch in der Hand halten, damit wir eine Verbindung zu ihm aufbauen. D. h., wir sollten nicht mit Kreditkarte zahlen, sondern Geld bar annehmen und ausgeben.
Auch wenn wir Depotauszüge studieren, sind das nur Computerzahlen, zu denen wir keine persönliche, gefühlsmäßige Verbindung aufgebaut haben.

**Die Botschaft ist: INNERE WERTE sind
die Voraussetzung für ÄUSSERE WERTE.**

Und zu den inneren Werten gehören auch unser GEIST und unser Glaube an etwas Höheres als nur an das irdische Dasein. **Geistigkeit** oder **Spiritualität** wird zukünftig eine große Bedeutung zukommen.

Wenn wir in Kontakt mit unseren inneren Werten sind, können wir den äußeren Reichtum als Geschenk annehmen, uns an ihm erfreuen und ihn sinnvoll weitergeben. Die Voraussetzung, um eine Verbindung zu unseren inneren Werten herzustellen, ist das Bewusstsein, dass alles miteinander in Verbindung steht.

Die Zukunftsforscherin Patricia Aburdene hat **Spiritualität** als den Megatrend unseres Zeitalters identifiziert. Denn der Kapitalismus alter Schule hat ausgedient, sagt sie. Wir stehen vor dem bedeutenden Neuanfang eines bewussten Kapitalismus.
Wir Menschen haben die Power, den Kapitalismus zu transformieren: als Investoren, Konsumenten und Manager. Und der Kapitalismus hat die Power, die Welt zu verändern.

Die Verbindung von GELD
mit höheren Prinzipien

„Im Anfang war das Schweigen.
Das Schweigen der Felsen, des Himmels, der Gräser.
Das Schweigen der Nacht und des Schöpfungsmorgens.
Lange bevor alles beim Namen genannt wurde,
bevor Berg zu Berg, Stein zu Stein, Erde zu Erde wurde,
war schöpferisches Schweigen.
Ewigkeit aller Ideen und Worte,
Respekt des Lebens vor dem Geheimnis.
Bevor ich, bevor wir alle
beim Namen gerufen wurden,
war die Welt wortlos."

Indianische Weisheit – von Wolfgang Peoplau

Alles ist ENERGIE: unsere Gedanken, unsere Emotionen, unser Körper – und auch unser GELD.
Energie muss fließen. Wenn sie fließt, kommt die Energie zu uns zurück.
Wenn wir uns zu sehr im Bereich des Verstandes befinden, kann die Energie nicht fließen, da sie nicht mit unserem Herzen verbunden ist.
So verhält es sich auch mit dem Geld. Wenn wir zu sehr mit der Akkumulierung von GELD beschäftigt sind, ohne dabei unser HERZ einzusetzen, kann es weder fließen noch wachsen.
GELD wird nur wachsen, wenn wir es mit GUTEN ABSICHTEN und einem EDLEN ZWECK verbinden.
Bei negativer oder gleichgültiger Behandlung prosperiert es nicht.

Wir werden dem Materialismus nicht mehr so viel Bedeutung schenken wie bisher und der Geistigkeit neuen Raum bieten. Auf dem Weg dahin hilft uns unser Glaube an uns selber und damit verbunden unser Glaube an etwas Größeres, Höheres, etwas Universelles.

Ich frage mich, ob es die geistige, universelle Welt gibt. Meine Meinung und meine persönlichen Erfahrungen sagen mir, dass das Geistige eine bedeutende Rolle spielt, eine größere Rolle als die materielle Welt, und dass das, was wir in der immateriellen Welt nicht wahrnehmen können, weitaus mächtiger ist als alles, was wir sehen.

> *„Selig sind die,*
> *die nicht sehen*
> *und doch glauben."*
> Jesus

Die Lösung unserer heutigen Finanzkrise bzw. unserer Glaubens-, Lebens- und Sinnkrise liegt also in unserem Inneren: **in unserer Denkweise, unseren Gedanken und Absichten**, und nicht im Äußeren. Die Lösung besteht also nicht darin, die äußeren Umstände zu ändern, sondern die Transformation muss im Inneren von uns Menschen anfangen.
Erst dadurch wird das Äußere umgeformt.
Das bedeutet: **Wir sollten unsere innere Haltung, d. h. unsere Denkstruktur und Glaubenssätze, verändern.**
Unsere innere Haltung sollte in Richtung auf mehr Zufriedenheit, Dankbarkeit und Optimismus gerichtet werden.

Es geht um das Erkennen, dass Geld nicht alles ist im Leben. Auf jeden Fall bietet es keine Sicherheit, denn irgendwann müssen wir es loslassen.

Die eigentliche Sicherheit liegt in uns. Nur aus dieser erwachsen ANERKENNUNG und ANSEHEN.

Wir sollten also weder SICHERHEIT noch Anerkennung und Ansehen durch äußere Werte zu erreichen versuchen. Denn was passiert, wenn nichts mehr bleibt vom materiellen Vermögen? Dann vergrößern sich unsere Sorgen und Ängste.

Um das zu verhindern, müssen wir unseren inneren Status ausbauen.

Wir müssen uns also unserer **inneren WERTE** bewusst werden und die **äußeren WERTE** weniger wichtiger nehmen, sodass wir eine **BALANCE** erreichen.

Und wir müssen uns bewusst werden, dass zum Materiellen der GEIST gehört. Das Materielle und das Geistige stehen miteinander in Verbindung.

Wir müssen lernen und be*greifen*, dass wir mit GEIST die Materie erschaffen können. Denn der GEIST ist die Voraussetzung, um etwas REALES (MATERIELLES) herzustellen.

Es gibt keine Materie ohne Geist – ohne Bewusstsein. Das lehrt uns die Wissenschaft.

Unser Bewusstsein erschafft die Realität. Insofern sind sie nicht voneinander getrennt.

Bevor wir also etwas Materielles herstellen, entwerfen wir IDEEN und GEDANKEN.

Diesen Gedanken und Ideen liegt ein bestimmter Geist zugrunde, auf dem sie gedeihen können. Wir stellen uns also zunächst vor, dass wir auf materieller Ebene etwas ernten möchten.

Der entscheidende Punkt hierbei ist **unsere geistige ABSICHT – unsere INTENTION.**

Die ABSICHT sollte positiv sein und von HERZEN kommen. Das ist der Schlüssel zum Erfolg.

> *„Der Mensch sollte lernen,*
> *mit dem Herzen zu denken*
> *und mit dem Verstand zu fühlen."*
> Theodor Fontane

Die ABSICHT der Menschen war bisher, GELD anzuhäufen und zu vermehren.

Doch diese Absicht ist nicht mehr zeitgemäß, da sie nicht glücklich macht.

In Zukunft geht es nicht mehr um das Anhäufen von Geld und Besitz.

In Zukunft verdient der Mensch GELD, indem er sich UND der Gesellschaft einen Nutzen erbringt, und zwar aus seinem Herzen heraus.

Unsere Lehre:

Unsere ABSICHT ist (unsere Absicht ist mit dem HERZ verbunden), **mit unserem Geldeinsatz den Menschen und der Umwelt zu dienen. So wird der Einsatz prosperieren und sich das Geld vermehren.**

Wir müssen also das GELD mit dem HERZEN verbinden.

Das GELD ist das Resultat eines Produktes oder einer Dienstleistung, die wir herstellen.

Das HERZ ist mit diesem Produkt oder der Dienstleistung verbunden, aber nicht immer mit dem, was daraus generiert wird: GELD. Dieses geben wir bisher an Institutionen wie Banken, Versicherungen, Investmentfonds etc. ab. Wir entledigen uns somit der Verantwortung für unser GELD, anstatt uns selber darum zu kümmern und in Eigenverantwortung zu gehen.

Die Finanzindustrie hatte das GELD ihrer Klientel in früheren Jahrzehnten verantwortungsvoll angelegt, weshalb es fließen konnte. Der Fluss des Geldes wurde gestoppt, seitdem Institutionen und Regierungen nicht mehr verantwortungsvoll mit dem Geld ihrer Kunden und Bürger umgehen und ihre ABSICHT der Rendite- und Gewinnmaximierung gilt – auf teilweise unethische Art und Weise.

Wenn man aus dem HERZEN heraus lernt, mit dem GELD richtig umzugehen, dann macht man es ZUM WOHLE ALLER und nicht zum WOHLE des Einzelnen bzw. des EGOS.

Die Botschaft lautet daher:
GELD muss dem WOHLE ALLER dienen.

„Es stünde besser um Volk und Welt,
hätt' Geld mehr Herz und Herz mehr Geld."
Jüdisches Sprichwort

GELD ist also nicht dafür da, dem EGO zu dienen bzw. das EGO zu befriedigen, sondern es soll der SEELE einen Dienst erweisen.

Aus der SEELE entspringen Zufriedenheit, Gesundheit, Harmonie und Freude.

Aus dem EGO dagegen kommen Gier und Angst, Neid und Missgunst, Unzufriedenheit und Krankheiten.

Wir müssen lernen, umzudenken, unser Geld **zum Wohle aller** einzusetzen und so unsere SEELE und unser Gewissen zu heilen.

Seelen können geheilt werden, wenn das Geld transformiert wird.

Viele Gelder sind nicht ethischen Ursprungs, d. h. nicht ethisch erwirtschaftet worden.

Es sind nicht nur Gelder aus der heutigen Generation, sondern auch aus früheren.

Wenn z. B. Unternehmer ihr Geld mit der Herstellung von Kriegsmaterial oder anderen Gütern verdient haben, wodurch Menschen oder die Umwelt zu Schaden gekommen sind, ist dieses GELD nicht ethischen Ursprungs.

Dies könnte Auswirkungen auf die Gesundheit der nächsten Generationen haben.

Finanzielle Probleme oder gesundheitliche Probleme bis hin zu Depressionen und Suizid können die Folge sein.

Ein Zusammenhang zwischen diesen Geldern und mentalen oder seelischen Krankheiten ist bisher meines Wissens nach wissenschaftlich noch nicht hinreichend erkannt worden.

Ich bin jedoch zutiefst davon überzeugt, dass es einen Zusammenhang zwischen diesen Geldern und seelischen Krankheiten gibt.

„Unser Geld ist unser Spiegel.
Es kann mehr, als nur
unseren Schatten widerspiegeln.
Es ist ein Spiegel unserer Seele."
Unbekannter Autor

Ich habe in meinem Leben viele Menschen kennengelernt und war immer an ihren Biografien interessiert. So erfuhr ich eines Tages folgende Familiengeschichte: Ein erfolgreicher Geschäftsmann lebte ein glückliches Leben voller materieller Reichtümer.

Eines Tages riss diese Glückssträhne ab. Er wurde entlassen. Er suchte nach einer neuen Anstellung, doch die Zeiten waren schwierig. Also machte er sich selbstständig. Doch auch damit hatte er keinen großen Erfolg und sorgte sich daher weiterhin um seine junge Familie. Die Ehefrau hatte bis dahin zu ihm gehalten, doch fühlte sie jetzt, dass es nicht mehr so rundlief wie bisher. Auch sie machte sich Sorgen. Es trat ein Energiestau zwischen Mann und Frau auf.

Der Geschäftsmann fühlte, dass nicht nur Blockaden zwischen ihm und seiner Frau, sondern auch zwischen ihm und dem GELD bestanden. Er machte sich auf die Suche nach den Ursachen und fand Folgendes heraus:

Seine Urgroßeltern waren Kaufleute gewesen und besaßen vor dem Zweiten Weltkrieg zwei Drogerien. Sie verkauften u. a. Chemikalien. Diese Chemikalien wurden für verschiedene Dinge eingesetzt. Es ist zwar nicht bewiesen, aber mein Gesprächspartner geht davon aus, dass mit diesen Chemikalien im Zuge des Holocausts auch Juden vergiftet wurden.

Die Tochter der Urgroßeltern wiederum stand den Juden sehr nahe und half ihnen bei der Flucht aus Deutschland. Diese Tochter gebar während des Zweiten Weltkrieges ein Mädchen.

Nach dem Krieg nahm sich die Tochter das Leben. Offizielle Begründung: Sie litt unter Depressionen.
Ihre Tochter gebar nach dem Krieg vier Kinder. Eines der Kinder litt ebenso unter Depressionen und beging später Suizid. Auch andere Familienmitglieder litten teilweise unter Depressionen.

Wie ist nun zu erklären, dass es hier eine Beziehung zum GELD gibt?
Das ursprünglich erwirtschaftete Geld war nicht ethisch, denn es wurde wahrscheinlich nicht nur mit Drogerie-Produkten verdient.
Mein Gesprächspartner zog daraus die Konsequenz. Er änderte seine Einstellung zu Geld. Die Blockaden wurden gelöst. Und das Geld konnte wieder fließen.

Es geht also darum, die ursprüngliche ABSICHT des generierten Geldes zu transformieren in eine GUTE ABSICHT und somit aus „bad money" GOOD MONEY zu machen.

Wir transformieren GELD, indem wir es für die Bedürfnisse von Menschen einsetzen, wie z. B. für BILDUNG, GESUNDHEIT, ökologische Landwirtschaft, sauberes Trinkwasser, die Finanzierung und Förderung von jungen Menschen und damit in Unternehmertum.

Der Einsatz von GELD

„Geld und Reichtum sind an sich nicht schlecht,
nur die Menschen können sie gut
oder schlecht verwenden."

Philosophische Ansicht der Stoiker

Unser heutiges GELD ist nicht gut allokiert und es ist nicht gut verteilt.
Es befindet sich in den Händen von einigen wenigen Menschen und einigen wenigen Finanzinstitutionen auf der Welt. Eine breite Verteilung des Geldes würde für alle Beteiligten einen gesamtwirtschaftlichen Aufschwung bedeuten. Doch Voraussetzung dafür ist ein neues Bewusstsein in Bezug auf den Umgang mit Geld.

WIE setzen wir Geld ein?
GELD soll Dinge BEWEGEN, die zu innerem und äußerem Wohlstand führen.
GELD soll also einen NUTZEN schaffen, einen MEHRWERT bringen, d. h. prosperieren.
Dazu muss es dort eingesetzt werden, wo es wachsen kann.
Damit Geld wachsen kann, benötigt es eine Unterstützung – einen geistigen Support.

Es geht nicht mehr nur um die Frage, **WORIN wir GELD investieren**.
Sondern es geht auch darum, **WIE wir GELD einsetzen** bzw. wie wir mit Geld UMGEHEN.

Wir müssen positive GEDANKEN und ABSICHTEN mit dem Geld verbinden und es selbst positiv einsetzen. Daraus wachsen die Erträge.

Wenn wir die SAAT (das Geld) mit guten ABSICHTEN und GEDANKEN und positiver HERZ-Energie zum Wohle aller säen, erhalten wir eine gute ERNTE.

Das ist der Schlüssel zum langfristigen und befriedigenden Erfolg.

WO setzen wir das Geld ein, damit es NUTZEN und einen MEHRWERT bringt?

Wir wissen, dass Geld ENERGIE ist. Es geht also nicht um die Frage, wo das Geld „sicher" angelegt ist, sondern darum, wo diese ENERGIE des Geldes den größtmöglichen NUTZEN erbringt.

GELD gehört SINN-stiftend angelegt. Mein Credo: **Geld gehört in die Kreativität von Menschen.** Denn Menschen kreieren neue Ideen, Produkte, Dienstleistungen, Systeme etc. Und aus diesen Ideen entsteht Neues. Wir hätten weder Licht noch Eisenbahn, weder Auto noch Flugzeug, wenn die Ideen zu diesen Produkten nicht von Menschen entwickelt worden wären.

Wir müssen Geld so allokieren, dass es der Menschheit hilft und dient.

Wie können wir dies erreichen? Es geht nur über eine neue Form des Kapitalismus, **eine Humanisierung des Kapitals**. Denn Kapital und Mensch gehören zusammen.

Eine Humanisierung des Geldes findet statt, sobald wir das Geld als ein Mittel erkennen, mit dem wir Positives bewirken können.

Der Dalai Lama sagt dazu:
„Reichtum ist ja nichts Schlechtes. Es kommt nur darauf an, wie wir ihn verwenden. Er ist nichts Falsches, wenn er ehrlich erworben wurde und dadurch weder andere Menschen noch die Umwelt zu Schaden kommen. Aber daran, dass dies nicht so ist, krankt unsere Gesellschaft.

Die Befriedigung im Kopf mancher Vermögender, die das Geld nicht teilen und nur anhäufen wollen, macht krank. Reiche Menschen sollten stattdessen dazu beitragen, die Armut zu reduzieren. Das egoistische Streben, immer nur noch mehr Geld zu verdienen und mehr Besitztümer anzuhäufen, schadet dem Menschen selber bzw. seiner Familie.

Der Kapitalismus legt viel Wert auf die Entstehung von Wohlstand und dessen Verteilung. Doch der Wohlstand ist nicht verteilt. Wir sehen, dass die Reichen immer reicher und die Armen immer ärmer werden, und noch schlimmer, dass der Mensch nur noch wenig zählt. Dabei ist Wohlstand die Voraussetzung für ein glückliches Leben."

**Geld sollte dem Menschen dienen –
und nicht der Mensch dem Geld.**

Wir sollten GELD einsetzen für Dinge, die wir Menschen und die Erde benötigen und die zu Innovationen führen, die sinnvoll sind und unseren tatsächlichen Bedürfnissen entsprechen.

Doch es wird immer mehr Geld eingesetzt, ohne dass es den tiefen Bedürfnissen und Überzeugungen der Menschen entspricht. Der Grund: Die globalisierte Wirtschaft ist noch von den alten Werten der Gewinnmaximierung und der Ausbeutung von Mensch und Natur geprägt. Dies ist auf Dauer nicht nachhaltig, sondern im Gegenteil lebenszerstörend.

Die Finanzwirtschaft der Zukunft muss die Macht des Geldes vorrangig für lebensfördernde und lebenserhaltende Ziele einsetzen. Sie muss eine Haltung der Wertschätzung gegenüber allem Leben entwickeln. Und sie muss zur dienenden Funktion zurückfinden.

Wie kann dieser Wandel des Geldes, diese Transformation positiv gestaltet werden und gelingen? Es gibt eine Steuerungsinstanz: die Weisheit des Herzens. **Mit der Weisheit des Herzens kann eine grundlegende Transformation auf den Weg gebracht werden**, die dazu führt, dass die Menschen, die mit der Macht des Geldes umgehen, dem Leben zugewandt sind. Denn das Herz ist der wichtigste Rhythmusgeber im Körper.

„Unter allen Besitzungen auf Erden ist die,
ein Herz zu haben, die kostbarste."
Johann Wolfgang von Goethe

Die Verwendung von GELD

„Reichtum hat keinen realen Wert,
solange er nicht den Menschen dient."

Sheikh Zayed bin Sultan Al Nahyan

Wir wissen, dass unser eigentliches KAPITAL in unseren **Potenzialen und Gaben, in unserer Kreativität, unseren Gedanken und unserer Schaffenskraft** besteht.
Mit diesem Vermögen können wir jederzeit etwas Neues aufbauen.

Wir wissen, dass unsere HINDERNISSE unsere Sorgen, Zweifel und Ängste sind, das Festhalten an und die Abhängigkeit von materiellen Dingen und unserem EGO.

Wir können diese Hindernisse überwinden und ein neues Fundament für unser Leben aufbauen, wenn wir unsere Einstellung ändern:
Unsere ABSICHT sollte sein, etwas SINNVOLLES mit unserem Geld zu machen.
Dafür müssen wir unser **HERZ öffnen** und unser Geld für Projekte einsetzen, die unser Herz ansprechen.
Dann wirkt sich Geld positiv auf unsere Gefühle aus.
Welche Projekte sprechen unser HERZ an?

a) **Investments in BILDUNG**

Wir Menschen möchten FREUDE erleben.
Wir Menschen möchten GESUND sein.

BILDUNG ist das Fundament für die Menschheit. Und darin sollten wir investieren.

Denn ohne Bildung können wir uns unserer Talente, unserer Schaffenskraft und unserer Gesundheit nicht bewusst werden.

- Wir benötigen LEBENS- und WERTE-Schulen.

- Wir benötigen TALENT-, GESUNDHEITS- und LAND-WIRTSCHAFT-Schulen.

- Wir benötigen ein neues SCHULSYSTEM für unsere Kinder – und zwar weltweit.
  Denn unser Schul- und Ausbildungssystem ist veraltet. Es geht von überkommenen Denkmustern aus.
  Wie unser Erziehungssystem bildet es nur auf der rationalen Ebene aus.
  Die anderen fünf Intelligenzen wie die geistig-spirituelle, die intuitive, die mentale, die emotionale und die kreative Intelligenz werden nicht gefördert und können somit auch nicht zur Entfaltung gebracht werden.
  Doch genau darum geht es: diese Talente und Potenziale zu entwickeln, um damit Begeisterung und Kreativität freizusetzen.

  Neue Konzepte sind bereits vorhanden. Weitere Konzepte sind am Entstehen.

- Wir benötigen EDUCATION CENTER, die ein duales Ausbildungssystem anbieten.

b) Investments in GESUNDHEIT

Das zweitwichtigste Fundament für die Menschheit ist die GESUNDHEIT.
Ohne Gesundheit können wir unsere Talente und unsere Schaffenskraft nicht voll zum Einsatz bringen.
Wir müssen lernen, uns gesund zu ernähren, gesund zu leben und zu denken.
Dazu benötigen wir Gesundheits-Schulen und GESUNDHEITS-Häuser (HEALTH Center).

Die Lehre einer holistischen Gesundheitsvorsorge umfasst die Entgiftung des Körpers, den Einsatz von Heilmitteln und basischem Wasser, die Lehre über unsere Körperzellen, gesunde Ernährung, gesundes Wohnen, physische Gesundheit, emotionale Gesundheit, gesunde Gedanken, gesunden Umgang mit Geld sowie den Glauben an etwas Höheres.

c) Investments in MENSCHEN und ihre Potenziale

Ein ebenso wichtiges Fundament für die Menschheit ist die Finanzierung von Geschäftsideen und damit die Förderung von Unternehmertum.
Denn GELD ist ein Mittel, ein Instrument, um das Leben und Lebendiges zu fördern.

Wir werden Geld für Dinge einsetzen, die wir Menschen und die Erde benötigen und die zu Innovationen führen.

Wir werden Geld in WERTE anlegen, die unser HERZ berühren – in verantwortungsvolle, sinnstiftende und nachhaltige Projekte.

Wir fördern diese Menschen so, damit sie Mitarbeitern, Kunden und der Umwelt einen Nutzen bringen. Sie setzen Herz und Verstand, Kreativität und Intuition ein.
Das ist die Grundlage für wirtschaftlichen Erfolg.

„Nachhaltigkeit ist das erfolgreichste Geschäftsmodell, da es Menschen auf Dauer zufriedenstellt und nicht nur für einen Augenblick".
Dr. h. c. Helmut Maucher

Unser Credo: Menschen werden Freude an ihrer Tätigkeit haben, sobald ihre wahren Potenziale entdeckt worden sind. Arbeit begeistert, wenn sie unseren Neigungen entspricht, weil sie dann keine „Arbeit" mehr bedeutet, sondern Leidenschaft.

Menschen werden nicht mehr nur einen Beruf erlernen, sondern ihren GABEN nachgehen, die vielseitig sein können. Sie werden diese Gaben nicht als einen JOB ansehen, den sie ausführen MÜSSEN. Stattdessen werden sie Freude an der ERFÜLLUNG ihrer Aufgaben haben.
Wenn glückliche und zufriedene Menschen Dienstleistungen anbieten und Produkte herstellen, hat das einen positiven Einfluss auf den Konsumenten und somit auf das Unternehmen.

Ein Beispiel ist die lateinamerikanische Kaffeehaus-Kette „Crêpes & Waffles".

Die Firma beschäftigt nur alleinerziehende Mütter.

Sie gibt ihnen die Möglichkeit, zu menschlichen Bedingungen zu arbeiten und gleichzeitig für ihre Kinder da zu sein.

Die Firma ist für die Mütter wie eine zweite Familie.

Sie bietet ihnen ein soziales Netz: gute Gehälter, Krankenversicherung sowie Kinderbetreuung im Kindergarten, Nachhilfe und Schulgeld.

Ab einer gewissen Zeit der Zugehörigkeit zum Unternehmen offeriert es den Müttern eine Eigenheimfinanzierung mittels eines zinslosen Kredits.

Das Ergebnis: Die Mütter arbeiten mit großem Engagement und Verantwortungsgefühl und das Unternehmen verdient Geld und ist erfolgreich.

d) **Investments in die ERDE:**
Landwirtschaft, Wasser, Energie

Private Investoren, Stiftungen und institutionelle Geldgeber möchten ihre Gelder SINNVOLL anlegen. Neben Bildung, Gesundheit und Investitionen in Menschen ist der Geldeinsatz in weitere Bedürfnisse der Menschen wie Ernährung, Wasser und Energie von immenser Bedeutung.

Was bietet unsere ERDE: den Boden und das Meer.
- Wir sollten in den Boden – die Erde – investieren, in Projekte, bei denen die Erde wertgeschätzt wird.

Menschen werden auf ganz bestimmte Weise mit der Erde umgehen.

Neue Verfahrensweisen werden entwickelt und patentiert.

Das wird so aussehen:
Investoren erwerben oder pachten Farmland. Dieses wird zunächst revitalisiert, um größte Ernteerträge zu erhalten und Menschen gesund zu machen. Die neuen Landwirte sind zuvor in unserer Landwirtschaftsschule ausgebildet worden.

Wir lehren sie, mit der Erde, der Saat und der Ernte bewusst, also in einer neuen, prosperierenden Form umzugehen. Damit geben wir diesen Menschen ein neues Bewusstsein und unterstützen sie in ihrer persönlichen Entwicklung. Diese Tätigkeit entspricht ihrer Leidenschaft und ihrer Berufung.

Die Ernte wird verkauft. Der Erlös wird verwendet nach den Wünschen des jeweiligen Investors:
- Die Stiftungen verwenden ihn gemäß ihrem Stiftungszweck.
- Die Pensionsfonds finanzieren damit die Rente für die Pensionäre.
- Der Privat-Investor verwendet seinen Erlös für seine persönlichen Bedürfnisse oder gibt einen Teil an das Gemeinwohl weiter, z. B. für die Finanzierung von Werte- oder Lebensschulen.

- WASSER:
  Wasser ist die Grundlage für alle Lebewesen.
  Und es ist der Nährstoff unseres Bodens.
  Es treibt Turbinen an und versorgt uns Menschen
  mit Energie.
  Der Geldeinsatz in WASSER – ganz besonders in Trink-
  wasserquellen – ist darum von großer Bedeutung.

- ENERGIE:
  Es werden neue Energieformen entwickelt werden.
  Wir müssen in die jungen Unternehmen investie-
  ren, die diese neuen Energieformen kreieren.

Die Finanzierung von Landwirtschafts-, Trinkwas-
ser- und neuen Energie-Projekten ist für die Evolution der Erde von herausragender Bedeutung.

Unser neues GELD-Verständnis

„Sei du selbst die Veränderung,
die du dir wünschst für diese Welt."
Mahatma Gandhi

Indem wir Menschen diese neue Art des Einsatzes von Geld vorleben und das Wissen darüber unter den Geldgebern verbreiten und sie dafür begeistern, ihr Geld anders als bisher einzusetzen, kommt es zu einer umfassenderen Verteilung von Kapital unter den Menschen. Und eine breite Verteilung des Geldes bedeutet für alle Beteiligten einen gesamtwirtschaftlichen Aufschwung.

In Zukunft geht es darum, Geld nicht mehr seelenlos einzusetzen, sondern wir investieren es mit guten Absichten und mit dem Herzen, und gleichzeitig tun wir unsere Geistigkeit, d.h. positive Energie, *hinein*.
Gute ABSICHTEN, HERZ und positive ENERGIE sind immaterielle Dinge. Wenn wir diese Dinge bei unseren Investments einsetzen, erhalten wir innere Zufriedenheit.
Und so bauen wir unser inneres Vermögen auf bzw. wir machen es uns bewusst.
Wir verbinden also GELD mit höheren Prinzipien und einem höheren Wissen:
Bewusstsein, Geisteskraft, Herz-Energie.

Wir schaffen dadurch für die nächste Generation sowohl ein materielles als auch ein immaterielles Fundament.

Mit immateriellem Fundament ist das Erkennen einer neuen Einstellung und Sichtweise auf materielle Dinge gemeint, das Erreichen innerer Zufriedenheit sowie Entdeckung von eigenen Potenzialen und Talenten.

Wir geben (= lehren) Menschen, Unternehmen und Institutionen ein neues Bewusstsein im Umgang mit Geld, damit es wieder fließen, d.h. produktiv eingesetzt werden kann – zum Wohle von Menschen, Unternehmen und ihren Mitarbeitern sowie der Gesellschaft im Allgemeinen. Das Fundament unserer Lehre sind WERTE – innere Werte wie:
Wahrheit und Ehrlichkeit, Transparenz, Gerechtigkeit, Achtung vor dem anderen sowie Selbstachtung, Gemeinsinn, Vertrauen und Glauben, Mitgefühl, Liebe.
Und so machen wir aus einem unreinen Fluss einen sauberen.

Diese WERTE trägt der Mensch bereits seit seiner Geburt in sich. Aber sie sind nicht entwickelt worden bzw. nicht (mehr) in seinem Bewusstsein. Dem inneren Reichtum wurde bisher wenig Beachtung geschenkt. Stattdessen war das BEWUSSTSEIN vieler Menschen auf materielle WERTE fokussiert, weil wir glaubten, dadurch GLÜCKLICH zu werden und so ANERKENNUNG und ANSEHEN zu erhalten.

Unsere heutige Aufgabe ist es, die Ziele der Gesellschaft neu zu formulieren.
Die Denkansätze müssen geändert werden – angefangen in der Schule und ganz besonders in den

Universitäten. Besonders die Volkswirtschaftslehre wird einem grundlegenden Wandel unterworfen werden, denn es ist eine neue Bewegung entstanden: **die Ökonomie des Glücks.** In Zukunft geht es um das Wohlbefinden der Gesellschaft.
Das ist das neue Bruttoinlandsprodukt.

Auch das Geschäftsmodell der heutigen Banken steht auf dem Prüfstand.
Ein neues Geschäftsmodell ist am Entstehen.
Wir müssen auf die eigentliche Aufgabe der Banken zurückkommen: Geld zu nehmen und Geld zu geben und dabei unser HERZ einzusetzen und somit gute ABSICHTEN zu haben.

Der Gewinn für den Geldgeber ist ein vielfacher:
eine bessere Gesundheit, ein reines Gewissen und innere Zufriedenheit.
Zusätzlich hat er eine finanzielle und gesellschaftliche Rendite, indem er andere Menschen bei ihrer persönlichen Entwicklung sowie der Entdeckung von neuen Ideen unterstützt.

The Power of MONEY

„Dem Geld darf man nicht nachlaufen,
man muss ihm entgegengehen."
Aristoteles Onassis

Einige Menschen fragen sich, ob Geld „MAGIE" ist. Denn manche ziehen Geld scheinbar magisch und spielerisch an. Die meisten jedoch nicht.
Kann man diese „Magie" lernen? Können wir lernen, Geld „anzuziehen"? Die Antwort lautet: Ja.

Wir können Geld „anziehen", indem wir unsere EINSTELLUNG zum Geld ändern und ein neues BEWUSSTSEIN entwickeln.

- Wir müssen unsere ABSICHT ändern: nicht mehr den Fokus auf GELD und finanzielle Rendite legen, sondern auf das Wohlergehen und die Gesundheit aller.

- Wir müssen BEGEISTERUNG entwickeln – Begeisterung dafür, unsere Potenziale einzusetzen und damit zu arbeiten.
  Damit ziehen wir automatisch Kunden an und somit das Geld.
  Heute fehlen vielen Menschen die Begeisterung, der Lebenssinn, der Glaube und das Vertrauen.
  Daher ziehen sie kein Geld an.
  Wir müssen mit BEGEISTERUNG Geld einnehmen und einsetzen.

- Wir müssen in Dinge investieren, die unser Herz ansprechen.

- Einige Menschen müssen lernen, Geld nicht festzuhalten, aus Angst, es zu verlieren oder im Mangel leben zu müssen.

- Andere Menschen müssen lernen, Geld nicht negativ zu betrachten, als sei es etwas „Schmutziges." Sie sollten lernen, Geld mit Freude und Dankbarkeit anzunehmen.

Ein gutes Beispiel für den finanziellen Erfolg und das „Anziehen" von Geld ist **Warren Buffet.**
Er ist einer der reichsten Menschen der Erde.

Seine INTENTION ist, für andere Geld zu verdienen – nicht für sich alleine.
Er hat mit Geld kein „Goldenes Kalb" aufgebaut.
Er lässt Geld fließen: Er nimmt es von Investoren, investiert es und gibt es zurück.
Er lässt Geld also los und hält es nicht fest.
Er betrachtet Geld nicht mit ANGST, Macht, Gier und EGO.
Er hat FREUDE an seiner Tätigkeit und führt seine Aufgabe mit BEGEISTERUNG aus. „Ich LIEBE meinen Job", sagt er. Daher wächst sein Geld.
Er hat sich von einem Großteil seines Geldes bereits gelöst, indem er es gestiftet hat.

An seinem Beispiel erkennt man die Leichtigkeit von finanziellem Erfolg.

Seine Investitionen haben in unserem bisherigen Geld-system Erfolg gehabt, insofern als sie Rendite gebracht haben.
Im Zuge des Wandels werden andere Voraussetzungen für Investitionen zugrunde gelegt. D. h. der Fokus wird nicht mehr auf die alleinige materielle Rendite gelegt.

Das Geheimnis des Geldes liegt also in uns Menschen: in unseren GEDANKEN und in unserem BEWUSSTSEIN – unserem Glauben und unserer Wahrnehmung – sowie in unseren ABSICHTEN. Und unsere GEDANKENKRAFT ist Energie.

Das innere Vermögen

*„Als Mensch liegt unsere Größe nicht so sehr
in der Fähigkeit, die Welt neu zu gestalten,
als vielmehr in der Fähigkeit,
uns selbst neu zu gestalten."*
Mahatma Gandhi

Der Mensch ist sowohl im Besitz von innerem als auch von äußerem Vermögen.
Bisher haben wir Menschen uns auf das äußere Vermögen fokussiert, doch in Zukunft wird dem Inneren eine besondere Bedeutung zukommen. Denn der innere Reichtum ist wichtiger als der äußere, der vergänglich ist. Wir nehmen ihn sogar mit, wenn wir die Erde verlassen.

Unsere Aufgabe ist es, diesen **inneren Reichtum** zu entdecken und ihn zu entwickeln.
Es ist das immaterielle Potenzial, das die – innere – Stärke eines Menschen ausmacht.
Wir geben anderen Menschen Kraft, damit sie ihren **wahren inneren Reichtum** und damit ihr **inneres GOLD** erkennen. Das innere GOLD ist unsere SEELE.

Unser Leben ist dafür da, um zu lernen, Erfahrungen zu machen und Liebe zu geben.
Dabei gilt es, negative Energien in positive zu transformieren bzw. Gegensätze eine Balance zu geben.

Es geht in Zukunft um die EINHEIT
bzw. die Balance zwischen
dem Inneren und dem Äußeren,
den inneren und den äußeren WERTEN,
dem Materiellen und Spirituellen,
dem Einzelnen und der Gesellschaft,
der männlichen und der weiblichen Energie.

Ich kenne viele Menschen: Menschen mit Geld und ohne Geld, glückliche Menschen und suchende Menschen – suchend nach Sinn, Liebe, Freude und Glück.
Wir können diese Menschen auf ihrem Lebensweg begleiten, ihnen WERTE geben, Verständnis zeigen, Vorbild sein und sie dabei unterstützen, sich ihres eigenen Lebensweges bewusst zu werden, um somit ein zufriedenes Leben zu führen.
Meine Einsicht und Erfahrung ist jedoch, dass jeder seinen eigenen Weg gehen muss, um seinen Lebens- bzw. Seelenplan zu erfüllen.

> *„Man kann einen Menschen nichts lehren,*
> *man kann ihm nur helfen, sich selbst zu entdecken."*
>
> *Galileo Galilei*

Menschen werden mit bestimmten Neigungen und Talenten geboren.
Durch Erfahrungen mit der Umwelt, Zwänge der Gesellschaft oder andere Einflüsse werden Weichen gestellt, die sie in berufliche und familiäre Strukturen bringen, wodurch innere Zufriedenheit und damit die Ausführung des Seelenplanes

oftmals nicht mehr gegeben sind. Somit werden sie unzufrieden mit sich, ihrer beruflichen Situation sowie evtl. ihrer Familie, aber auch in materieller Hinsicht, wie z. B. in ihrem Umgang mit Geld oder anderen materiellen Werten.

GELD wird dann zum Ersatzwert. Anstatt seine inneren Reichtümer (Potenziale und Talente) in die Welt zu bringen und andere daran teilhaben zu lassen, geht es häufig darum, äußere Reichtümer anzuhäufen.

Die größte Gabe des Menschen besteht darin, eine Änderung seiner Einstellung und damit seines Lebens herbeizuführen.

Der Mensch ist ein schöpferisches Wesen. Er erschafft sich sein ganzes Leben: seinen Reichtum oder seine Armut, seine Gesundheit oder seine Krankheit, sein Glück oder sein Unglück. Nur wissen das die wenigsten Menschen, weil sie sich nicht der MACHT ihrer GEDANKEN, GEFÜHLE und Glaubensüberzeugungen bewusst sind bzw. weil man sie darüber bisher bewusst in Unkenntnis gelassen hat.

> *„Je größer meine Lebenserfahrung wird,*
> *desto deutlicher wird mir,*
> *dass der Mensch selbst die Ursache*
> *seines Glücks und Elends ist."*
> Mahatma Gandhi

Was bedeutet nun **innerer Reichtum**? Es sind unsere Potenziale und Talente, d.h. die Gaben und Neigungen, mit denen jeder Mensch geboren wurde.

Aus ihnen wachsen Kreativität und Inspirationen. Und aus Kreativität und Inspirationen entwickeln sich **Ideen.** Und aus Ideen entstehen **neue Entwicklungen und Erfindungen,** die für die Menschheit und die persönliche Evolution des Erfinders von großer Wichtigkeit sind. Mit diesen Entwicklungen und Erfindungen erschaffen wir also etwas Neues.

Und dadurch bekommen wir Menschen wieder SINN und FREUDE – Lebensfreude.

Wir müssen also lernen, unser **inneres Vermögen** zu entdecken und es zu leben.

Wenn wir das verstanden haben und auch umsetzen, sind wir zufrieden.

Zufriedenheit entsteht

1.   durch die Erkenntnis und das Bewusstsein unseres Inneren – unseren inneren Reichtum und damit über unsere positiven und negativen Seiten –,

2.   durch die Akzeptanz, d. h., indem wird unser Inneres annehmen.

Die nächste Generation

„Der wahre Reichtum einer Nation
liegt nicht in Gold und Silber,
aber in seinem Lernen, Weisheit
und in der Aufrichtigkeit seiner Söhne."
Kahlil Gibran

Eine ganz besondere Aufmerksamkeit sollten wir der neuen Generation schenken.
Denn unsere Kinder sind unsere Zukunft.
Unsere heutige Jugend ist mit vielen Potenzialen und Talenten auf die Welt gekommen und mit großartigen Gaben ausgestattet; ich behaupte sogar: Die junge Generation ist schon im Besitz von einem neuen Denken – ein kreatives und aufbauendes Denken.
Sie hat vieles, was nötig ist, um unsere Erde lebenswerter zu gestalten. Viele von ihnen haben diese Potenziale mit auf den Weg bekommen. Diese Gaben müssen nur erkannt und entwickelt werden.

Das Positive ist, dass wir heute in der Lage sind, diese Talente sichtbar – bewusst – zu machen, was in früheren Generationen nicht möglich war. Denn die heutige Jugend hat eine besondere Aufgabe: Sie soll das Steuerruder auf unserem Planeten übernehmen, und zwar auf eine humanere, ethisch und moralisch bewusstere Art und Weise, als die bisherigen Generationen es vorgelebt haben.

Anstand, Ehrlichkeit, Wahrheit, Hilfsbereitschaft und Solidarität sind bereits Grundpfeiler ihres Zusammenlebens.

Sie sind auf ein Miteinander aus und nicht auf ein Gegeneinander. Und Anerkennung und Ansehen werden sie aufgrund ihres Beitrages zum Gemeinwohl erhalten.

Ich sehe die neue Generation in einer prosperierenden Situation und Zukunft.
Sie haben – ohne dass es ihnen und ihren Eltern heute schon bewusst ist – eine Welt vor sich, deren Bewohner GLÜCK und SINN nicht mehr suchen, sondern die es erleben werden, weil sie gemeinsame IDEALE und WERTE haben; weil die Bedeutung von Geld und materiellen Dingen einen geringeren und der innere Reichtum einen größeren Stellenwert einnehmen wird.

Doch ein Handicap für die Jugend ist unser Schul- und Ausbildungssystem.
Es geht von alten Denkmustern aus. In ihm wird weiterhin nur auf der rationalen Ebene ausgebildet.
Die anderen Potenziale und Intelligenzen werden nicht gefördert und somit nicht zur Entfaltung gebracht.
Nun geht es darum, genau diese Talente und Potenziale zu entwickeln.

Wir werden daran arbeiten, neue Denkmuster nach vorn zu bringen und die fünf Intelligenzen – die geistig-spirituelle, die intuitive, die mentale, die emotionale sowie die kreative – dieser jungen Menschen zu aktivieren und zu entwickeln, damit sie sie für eine bessere Zukunft nutzen können.

Bisher lagen vier Fünftel dieser Intelligenzen in der Wirtschaft brach, bedingt durch einseitige Erziehung

und Bildung. Somit konnten Inspiration, Sinn, Faszination und sprühende Begeisterung nicht aufkommen.
Das lähmt die Unternehmen von heute.
Heute geht es mehr denn je um die Integrierung aller Intelligenzen. Das Einbeziehen und der Nutzen des gesamten Intelligenzpotenzials sind die Basis, um auch ein Unternehmen wirtschaftlich erfolgreich sowie menschlich und gesellschaftlich gesund zu führen.

Wir müssen also der kommenden Generation unsere Aufmerksamkeit schenken, damit die Saat aufgehen kann und signifikante Ergebnisse erreicht werden.
Die Jugend muss gefördert werden – in ihren Talenten und bei ihren Geschäftsideen.

Und wir müssen der Jugend nicht nur die richtige Erziehung und Ausbildung zukommen lassen, sondern ihr auch die Möglichkeit geben, ihre Ideen in Taten umzusetzen.
Indem die ältere Generation ihnen „bedingungslos" GELD zur Verfügung stellt, wird ihnen ermöglicht, ihre Potenziale zu realisieren.
Das GELD bleibt auf der Erde. Wir können es nicht mitnehmen, wenn wir sie verlassen.
Es gehört daher zum Kreislauf des Geldes, diese Mittel von der alten an die junge Generation zu transferieren unter der Voraussetzung, weise damit umzugehen.

Dazwischen müssen erfahrene und weise Personen stehen. Sie haben die Aufgabe, diesen Prozess des Geldeinsatzes zu begleiten und die jungen Menschen einzuschätzen: ihre Gaben und Potenziale, ihre ethischen und moralischen Fähigkeiten sowie ihre Geschäftsidee.

**Es geht also um den Transfer des Geldes
von der älteren an die junge Generation.**

Derzeit hält die ältere Generation noch am Materiellen fest. Sie kann nicht loslassen.
Ihr Fokus liegt noch auf der finanziellen RENDITE. Aber im Prinzip geht es ihnen doch um das Wohlergehen ihrer KINDER und ENKELKINDER.

Wir sind darum bemüht, ältere Menschen davon zu überzeugen, der jungen Generation etwas zu hinterlassen, durch das sich die Nachwelt an sie erinnert; etwas, das der Gesellschaft nachhaltig dient.

Denn so machen sie nicht nur ihre Kinder und Enkel glücklich, sondern auch sich selber.
Durch einen solchen Geldeinsatz erhalten sie eine emotionale Rendite. Der Investor kann erleben, welche Freude er den jungen Menschen bereitet und wie die jungen Menschen in ihrem Inneren wachsen. Er sieht, wie sein Investment sich vergrößert und welche Innovation es für die Gesellschaft bedeutet.
Somit erhält er zwei Renditen: eine finanzielle und eine emotionelle.

**Geld zugunsten der Menschheit
einzusetzen, schafft positive Energie.**

Die ältere Generation wird erkennen, dass Geld nur einen Wert hat, wenn es zur Verfügung gestellt und damit „lebendig" wird. Damit rufen wir ihnen die Begeisterung in Erinnerung, die auch sie als junge Menschen antrieb.

Möchten Sie etwas hinterlassen – durch das man sich an Sie erinnert?

„Der höchste Lohn für unsere Bemühungen
ist nicht das, was wir dafür bekommen,
sondern das, was wir dadurch werden."
John Ruskin (1819 - 1900)

Möchten Sie Teile ihres Vermögens einsetzen, um etwas Bedeutendes und Wertvolles für die Menschheit zu hinterlassen?
Ich habe in meinem Leben erfahren, wie Menschen nach ihrem Ableben Chaos hinterließen:
- Kinder, die sich um das Erbe stritten, während die Anwälte einen Großteil des Vermögens durch ihre Honorare vernichteten
- Erben, die das Geld durch „Good Lifestyle" verprassten
- Familienmitglieder, die den Betrieb des Gründers in den Konkurs trieben.

Einem guten Freund und sehr vermögenden Geschäftsmann hatte ich den Vorschlag gemacht, mit seinem nicht versteuerten Geld weltweit LEBENS- und WERTE-Schulen zu errichten. Doch sein EGO und seine Denkstruktur sowie seine Überzeugung vom Leben ließen ihn keine Änderung seines Geldeinsatzes vornehmen – auch keine Legalisierung seines Geldes, was ich ihm zunächst empfohlen hatte. Denn selbstverständlich plädiere ich dafür, dass Menschen ihr Geld legal verdienen und darauf Steuern zahlen.

Nachdem dieser Freund gestorben war, stritten sich seine Kinder aus den ersten Ehen mit seiner letzten Ehefrau um das Erbe von mehr als US-$ 100 Mio. Daraufhin wurde das Geld offiziell der Steuerbehörde angezeigt. US-$ 80 Mio. gingen nun an die Steuerbehörde. US-$ 20 Mio. blieben übrig und wurden unter den vielen Erben verteilt, die es für ihre eigenen Bedürfnisse verwendeten.
Was könnte man mit Geld nicht alles Gutes tun, wenn nicht ihr EGO diese Menschen steuern würde.

In den USA haben **Bill & Melinda Gates** sowie **Warren Buffet** vermögende Menschen inspiriert, einen Teil ihres Vermögens an die Gesellschaft zurückzugeben.
Doch es ist jedem selber überlassen, wohin ihre Vermögen fließen.

Auch diese „Giving Pledge Members" könnten mithelfen, die Welt zu verändern, wenn sie ihr Geld in einen FUND überführen, der der nächsten Generation zugutekommt. Am Ende verlassen wir die Erde, doch unser Geld bleibt hier.
Unsere Vision ist es, dass Geld unserer Familie UND anderen in der Gesellschaft zur Verfügung gestellt wird.

———————

Was sind unsere heutigen „MONEY Driver"?
Es sind die finanzielle Rendite und die Suche nach guten „Deals", um Geld zu verdienen.

Doch: Ist GESUNDHEIT nicht wichtiger?
Ist BILDUNG nicht wichtiger?
Ist ein zufriedenes GEFÜHL nicht wichtiger?

Wird die finanzielle Rendite auch noch zukünftig der MONEY Driver sein?
Die Menschen werden in Zukunft erkennen, dass ihr Reichtum in ihren Potenzialen liegt. Sie werden das Geld gegen die tatsächlichen Bedürfnisse ihres Lebens eintauschen.
Geld hat damit nicht mehr den übermäßigen Stellenwert, sondern GELD wird mit Liebe gegeben und mit Dankbarkeit angenommen.

Welche INTENTION verfolgen Sie mit Ihrem GELD?

Was bedeutet GELD für Sie?
Was für einen WERT hat GELD für Sie?

Bringt es Ihnen FREUDE? Gibt es Ihnen einen SINN?

Gibt es Ihnen ein gutes GEFÜHL,
Ihr Geld bei Ihrer BANK zu haben?

Haben Sie ANGST, Geld zu verlieren?

Übernehmen Sie gern VERANTWORTUNG für Ihr Geld?

Haben Sie den Wunsch, einen Teil ihres Vermögens einzusetzen und damit etwas WERTVOLLES für die Menschheit zu hinterlassen?

FUND for the next Generation

„Willst du ein Schiff bauen,
rufe nicht die Menschen zusammen, um
Pläne zu machen, die Arbeit zu verteilen,
Werkzeug zu holen und Holz zu schlagen,
sondern lehre sie die Sehnsucht
nach dem großen, endlosen Meer."

Antoine de Saint-Exupéry

Der **Fund for the next Generation** investiert in:
ERZIEHUNG, GESUNDHEIT und in MENSCHEN.
Er investiert in die Realwirtschaft – in Menschen, Landwirtschaft, Trinkwasser und neue Energien. Wir fördern damit Unternehmertum und schaffen Arbeitsplätze.
Der Fund gibt Kredite und beteiligt sich an Unternehmen.

Es ist ein Fund für die neue Generation – für unsere Kinder und Enkelkinder.
Letztendlich geht es um GESUNDHEIT – unsere eigene und der anderer.
Vergessen wir nicht, dass alles GESUNDHEIT ist, ob wir in Landwirtschaft, Trinkwasser, neue Energien oder Bildung investieren.

Wir bringen also GELD in MENSCHEN ein – in ihre Fähigkeiten und „Ideen".
Wir unterstützen die junge Generation, indem wir GELD mit GEIST einsetzen und sie auf ihrem Lebensweg und bei ihren Unternehmen begleiten.

Diese arbeiten mit HERZ und Vision. Sie sprühen voller Energie und Begeisterung.

Sie schaffen neue Technologien und Innovationen im Bereich der Umwelt und Energie, der Kommunikation, des Gesundheitswesens sowie auf den Gebieten der Medizin, der Bildung, Ausbildung und Erziehung, der Ernährung und des Wohnens.

Diese Menschen benötigen Kapital, um ihre Geschäftsideen umzusetzen.

Der FUND stellt dieses Kapital in Form von Krediten oder Beteiligungen zur Verfügung.

Die Geldgeber sind zugleich Mentoren für die jungen Unternehmer und geben ihr Wissen an sie weiter.

Die Übergabe muss einen „Bewertungsprozess" durchlaufen.

Den Werte- und Bewertungsrahmen für den Transfer von der älteren an die jüngere Generation legen ältere und weise Personen in einem „Rat der Weisen" (Council of Elders) fest. Der Rat der Weisen begleitet den Prozess des Geldeinsatzes und vermittelt den jungen Menschen seine Erfahrungen und sein Wissen.

Der Fund:

- Menschen vermachen diesem Fund einen Teil ihres Vermögens bzw. legen fest, dass ihre Erbschaft nach ihrem Ableben in diesen Fund übergeht.
- Firmen und Banken zahlen einen Teil ihrer Gewinne in diesen Generationsfund ein.
- Herrenlose Gelder bei Banken werden ebenfalls an diesen Fund übertragen.

Meine eigenen Erfahrungen

*„Wenn sich eine Tür schließt, dann gibt es größere
und bessere Türen, die sich öffnen wollen.
Lassen Sie sich nicht in die halb geschlossene Tür
einklemmen. Lassen Sie zu, dass sie sich schließt.
Seien Sie bereit für die neuen Türen,
die sich weit für Sie öffnen wollen!"*

Unbekannter Autor

In der ersten Hälfte meines Lebens hatte ich mit sehr viel Geld zu tun, denn 30 Jahre lang war ich im internationalen Bankwesen tätig. Mir wurde in dieser Zeit der verantwortungslose Umgang mit Geld bewusst. Der Sinn für viele war das Erzielen einer möglichst hohen Rendite. Gleichzeitig hatten diese Menschen aber Angst vor Geldverlust. Ich meine, dass unser Geldsystem bis heute uns gut gedient hat. Doch jetzt erleben wir Menschen ein neues Bewusstsein, das ein neues System erforderlich macht. Denn wir haben erkannt, dass unser bisheriges System und damit der Umgang mit Geld uns Menschen langfristig und generationsübergreifend nicht glücklich macht.

In der zweiten Hälfte meines Lebens musste ich die Erfahrung machen, einen Großteil meines Vermögens zu verlieren. Ich habe es sehr ungern gehen lassen und krampfhaft daran festgehalten. Umso schmerzhafter war der Prozess des Loslassens.
Ich war am Boden zerstört. Alles, was ich anfasste, um wieder zu Geld zu kommen, zerfloss mir zwischen den Fingern. Doch ganz tief in mir wusste ich, dass es so sein sollte.

Ich machte eine große Veränderung durch, indem ich lernte, dass Geld nicht alles ist auf Erden.

Ich besann mich auf mich selber. Ich las Bücher und studierte Biografien von Menschen mit großen Vermögen: die Medici, die Fugger, Alfred Nobel, Paul Getty, Aristoteles Onassis, Giovanni Agnelli, die Kennedy-Familie, Friedrich Karl Flick, Alfred Krupp, Fritz Thyssen, Harald und Herbert Quandt sowie Edmond Safra.

Ich erfuhr von ihrem Verhältnis zum Geld bzw. vom Verhältnis ihrer Nachkommen zum Geld.
Und ich fragte mich, ob diese Geld-Magnaten damals mit ihrem Vermögen in einer menschenfreundlichen und ehrenwerten Weise umgegangen sind.
Dabei kam ich zu der Feststellung, dass Ereignisse – wie Schicksale und Krankheiten – im Leben einer Familie im Zusammenhang stehen, wie Geld ursprünglich generiert worden ist.

Später vertiefte ich mich in die Leben von „erleuchteten" und weisen Menschen.
Nach und nach wurde mir bewusst, dass alles einen Sinn hatte.

Ich sehe es nun als meine Lebensaufgabe an, dem GELD einen neuen SINN zu geben und dazu beizutragen, eine bessere Welt für uns alle zu schaffen.

„Was hinter uns liegt und was vor uns liegt, ist nichts im Vergleich zu dem, was in uns liegt."
Ralph Waldo Emerson